Todo tipo de amigos

# Mis amigos usan aparatos ortopédicos

por Kaitlyn Duling

Bullfrog en español

## Ideas para padres y maestros

Bullfrog Books permite a los niños practicar la lectura de texto informativos desde el nivel principiante. Las repeticiones, palabras conocidas y descripciones en las imágenes ayudan a los lectores principiantes.

### Antes de leer

- Hablen acerca de las fotografías. ¿Qué representan para ellos?
- Consulten juntos el glosario de fotografías. Lean las palabras y hablen de ellas.

### Durante la lectura

- Hojeen el libro y observen las fotografías. Deje que el niño haga preguntas. Muestre las descripciones en las imágenes.
- Léale el libro al niño o deje que él o ella lo lea independientemente.

### Después de leer

- Anime al niño para que piense más. Pregúntele: ¿Conoces a alguien que use aparatos ortopédicos? ¿Qué actividades hacen juntos?

Bullfrog Books are published by Jump!
5357 Penn Avenue South
Minneapolis, MN 55419
www.jumplibrary.com



Library of Congress Cataloging-in-Publication Data is available at www.loc.gov or upon request from the publisher.

ISBN: 978-1-64527-015-7 (hardcover)
ISBN: 978-1-64527-016-4 (paperback)
ISBN: 978-1-64527-017-1 (ebook)

Editor: Susanne Bushman
Designer: Molly Ballanger
Translator: Annette Granat

Photo Credits: Tad Saddoris, cover, 5, 23bl; duaneellison/iStock, 1, 4, 22bl, 22tr, 23tr, 24; Dan Race/Shutterstock, 3; Science Photo Library/Getty, 6–7; Olesia Bilkei/Shutterstock, 8–9, 14–15; Jaren Jai Wicklund/Shutterstock, 10, 11, 22tr; Sally Anderson Weather/Alamy, 12–13; Ahturner/Shutterstock, 16, 17, 23tl; Huntstock/Getty, 18–19; Special Olympics, 20–21; jarenwicklund/iStock, 22br; Tony Stock/Shutterstock, 23br.

Printed in the United States of America at Corporate Graphics in North Mankato, Minnesota.

# Tabla de contenido

# En movimiento

Estos son aparatos ortopédicos.

¿Qué hacen?

Apoyan las partes del cuerpo.

El aparato ortopédico de Meg le ayuda con su tobillo.

El aparato ortopédico de Ava le da apoyo a toda su pierna.

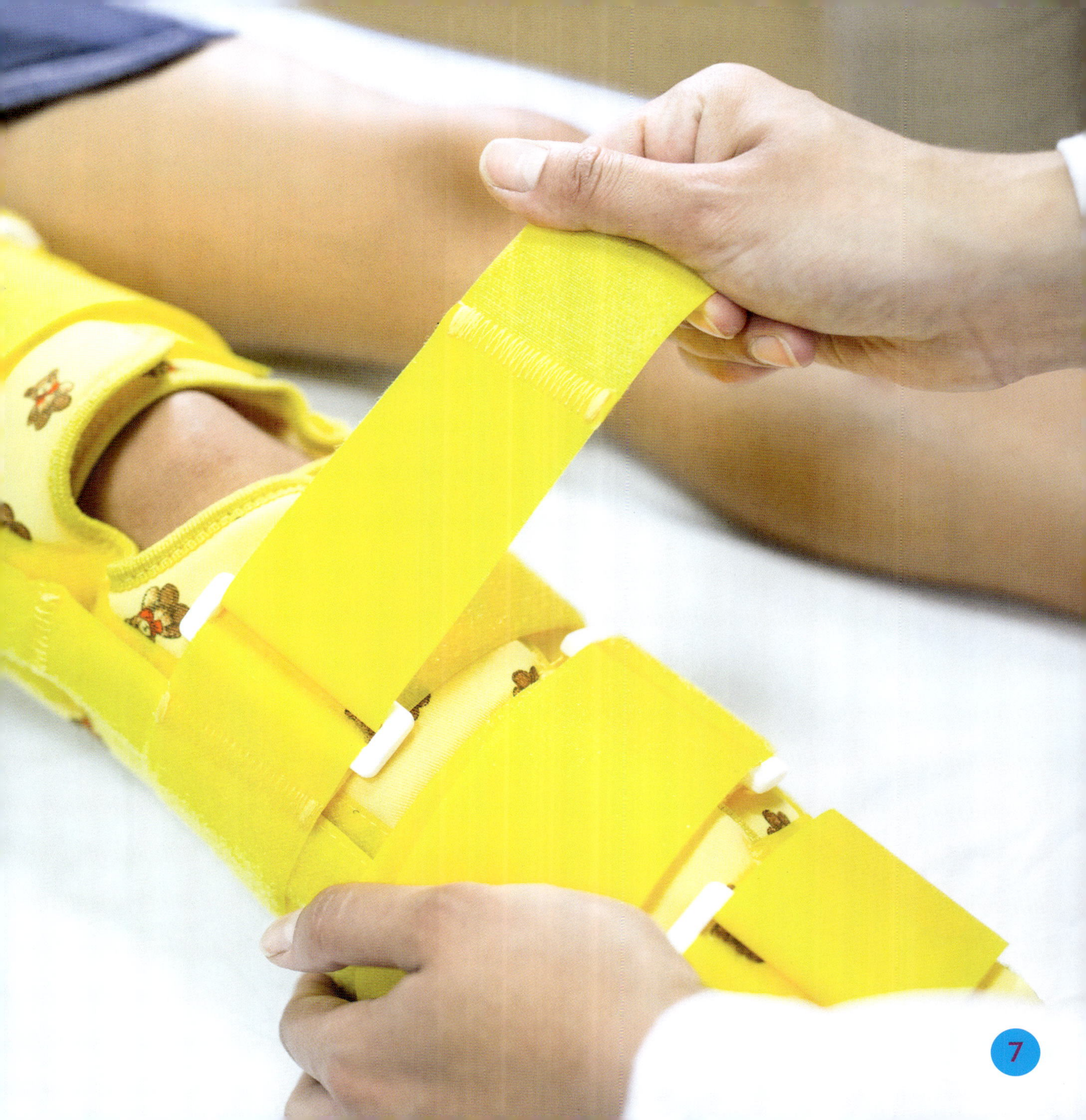

Val está en mi clase.

Ella usa aparatos ortopédicos.

¡Jugamos!

¡Es divertido!

¡El papá de Mark ayuda!

Se preparan.

Mark va a la escuela.

Él usa una silla
de ruedas.

aparato ortopédico

Juan usa un aparato ortopédico.

Va a la playa.

Busca conchas de mar.

¡Qué bonito!

Tito hace ejercicios.
Ayudan a sus músculos.
Él se vuelve más fuerte.

La hermana de Delia usa aparatos ortopédicos.

Ella también usa
una andadera.

Le ayuda a moverse.

Los aparatos ortopédicos vienen en muchos tamaños.

Tamy crece.

¡Ella consigue aparatos ortopédicos más grandes!

¡Genial!

Corremos.
Jugamos.
¿Listos? ¡Vamos!

Special Olympics
Young Athletes

# Herramientas útiles

**andadera**
Una andadera soporta el peso de una persona mientras que él o ella camina o corre. Algunas tienen ruedas.

**aparatos ortopédicos**
Los aparatos ortopédicos ayudan a dar apoyo a piernas o tobillos débiles.

**bastones**
Los bastones les ayudan a las personas a permanecer estables y en equilibrio mientras que caminan o corren.

**silla de ruedas**
Una silla con ruedas usada por gente que no puede o a quien le cuesta caminar.

# Glosario de las fotografías

**andadera**
Un aparato que ayuda a apoyar a alguien mientras que él o ella camina.

**aparatos ortopédicos**
Herramientas unidas a las piernas para ayudar a que una persona camine, se pare, se equilibre y crezca.

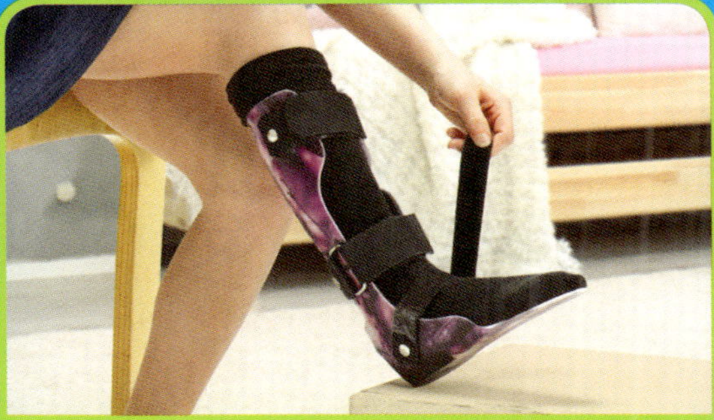

**apoyar**
Ayudar aguantando el peso de algo.

**músculos**
Los tejidos conectados a un esqueleto, que halan los huesos para hacer que se muevan.

# Índice

# Para aprender más

FACT SURFER

**Aprender más es tan fácil como 1, 2, 3.**

1. Visite www.factsurfer.com
2. Escriba "misamigosusanaparatosortopédicos" en la caja de búsqueda.
3. Haga clic en el botón "Surf" para obtener una lista de sitios web.

TODO TIPO DE AMIGOS

**Unos amigos leen el braille. Algunos amigos usan sillas de ruedas. Otros amigos tienen síndrome de Down. Son amigos divertidos. Aprende más acerca de cómo ser un buen amigo o una buena amiga de los amigos con discapacidades en estos interesantes libros. ¿Los has leído todos?**

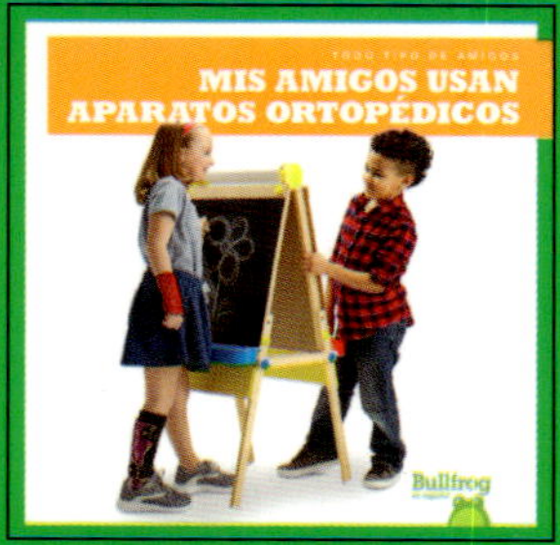

IL: K–3

jump!

www.jumplibrary.com
www.jumplibrary.com/teachers

ISBN 978-1-64527-016-4
90000
9 781645 270164